Ye

8246

OPUSCULES INÉDITS

DE LA FONTAINE.

DE L'IMPRIMERIE DE P. DIDOT L'AINÉ,

CHEVALIER DE L'ORDRE ROYAL DE SAINT-MICHEL,

IMPRIMEUR DU ROI.

OPUSCULES INÉDITS

DE

JEAN DE LA FONTAINE,

PUBLIÉS PAR M. DE MONMERQUÉ,

CONSEILLER A LA COUR ROYALE DE PARIS,
CHEVALIER DE L'ORDRE ROYAL DE LA LÉGION D'HONNEUR.

A PARIS,

J. J. BLAISE, LIBRAIRE DE S. A. S. MADAME
LA DUCHESSE D'ORLÉANS DOUAIRIÈRE,
QUAI DES AUGUSTINS, Nº 61, A LA BIBLE D'OR.

M D CCCXX.

AVERTISSEMENT.

On croit faire un véritable présent aux amis des lettres qui se plaisent à réunir les productions des écrivains célèbres, en leur offrant quelques pages de La Fontaine, qui ont échappé jusqu'à ce jour à toutes les recherches. Le poëte inimitable s'y retrouve presque à chaque ligne. Comment ne pas le reconnoître à cette fleur de naïveté, à cette grace à-la-fois naturelle et piquante dont il a si bien gardé le secret?

Ces opuscules sont copiés sur les originaux, écrits en entier de la main de La Fontaine ; son orthographe a été conservée ; les fautes légères qui lui échappent ont même été respectées ; on les a seulement indiquées par des lettres italiques. On a eu la précaution, bien superflue pour les connoisseurs, de faire graver les premières lignes des pièces principales.

Ce recueil commence par une épître au duc de Bouillon, que l'on peut regarder comme un des meilleurs ouvrages de La Fontaine. Voici à quelle occasion il l'a écrite.

Dès le règne de Henri IV, il arrivoit souvent que des roturiers, dans l'espoir de se soustraire au paiement de la taille, prenoient le titre d'écuyer. Le roi en fit d'expresses prohibitions, par un édit du mois de mars 1600. Louis XIII, au mois de janvier 1634, défendit également d'usurper la noblesse et de prendre la qualité d'écuyer, à peine de 2,000 liv. d'amende. De semblables déclarations furent rendues par Louis XIV, les 30 décembre 1656 et 8 février 1661. Il paroît qu'en vertu de ces ordonnances on produisit des actes, dans lesquels La Fontaine étoit qualifié d'écuyer; les traitants dirigèrent des poursuites contre lui, et en son absence un arrêt par défaut le condamna à 2,000 liv. d'amende (1). La Fontaine s'adresse au duc; il le supplie de mettre ses doléances sous les yeux de Colbert, et d'employer son crédit à le faire décharger de cette condamnation. Les faits rappelés dans l'épître montrent qu'elle a été écrite en 1662 (2).

(1) Cet arrêt émanoit d'une commission qui fut chargée, en 1657, de rechercher les usurpateurs de noblesse. Autrement le procès eût été de la jurisdiction de la cour des Aides.

(2) A la fin du même siècle, Despréaux eut à soutenir un semblable procès, mais il le gagna. (*Voyez* sa lettre à M. Brossette, du 9 mai 1699.) La famille de Boileau étoit l'une des plus anciennes de la robe. (*Voyez* les *Mémoires de Miraulmont, sur l'Origine du parlement*, Paris, 1612, pag. 38 et 226.)

L'année suivante, La Fontaine fit le voyage
de Limoges avec M. Jannart, oncle de sa femme.
Ce dernier étoit substitut du procureur-général;
il resta fidéle à l'amitié, et il composa plusieurs
des écrits qui parurent pour la défense de Fouquet (1). Il n'en fallut pas davantage pour déplaire
à Colbert, et le généreux ami du surintendant
fut enveloppé dans sa disgrace.

On connoissoit quatre lettres dans lesquelles
La Fontaine a transmis à sa femme les détails de
ce voyage. Sa narration n'étoit pas terminée; en
finissant la quatrième lettre, le poëte promettoit
de donner dans la suivante la description du
château de Richelieu.

L'éditeur a eu le bonheur de retrouver deux
lettres qui contiennent la suite de ce récit. Dans
la première on lit la description de Richelieu;
elle est aujourd'hui d'autant plus curieuse, qu'il
reste à peine des vestiges de ce beau château. Les
principaux objets d'art qu'il renfermoit ont été
vendus au commencement du dernier siécle,
et ils sont passés pour la plus grande partie dans
la collection du roi et dans celle du duc d'Orléans,
régent.

---

(1) Les héritiers de M. Jannart ont mis sous les yeux
de l'éditeur les travaux qui ont servi à composer ces *factum;*
ils sont pour la plus grande partie de la main de M. Jannart.

Le poëte raconte dans la seconde lettre son ar-
rivée à Limoges, et la réception que l'on s'em-
pressa d'y faire à son oncle.

On a placé à la suite de ces pièces trois lettres
écrites par La Fontaine à M. Jannart. Elles con-
iennent encore sur notre poëte quelques traits
précieux à recueillir.

A Monsieur le Duc de Bouillon

fils et neveu de favoris de Mars
qui ne voyez chez vous de toutes parts
Ny de vertu ny d'exemple vulgaire,
qui de par vous et de par vostre pere
Avez acquis l'amour de tous les coeurs
Digne heritier d'un peuple de vainqueurs,
Escoutez moy; qu'un moment de contrainte
Tienne vostre ame attentive a ma plainte:
Sur mon malheur daignez vous arrester;

A Limoge ce 12 Septembre 1663

Je vous promis par le dernier ordinaire la description du chasteau
de Richelieu assez legerement pour ne vous en point mentir, e
sans considerer mon peu de memoire, ny la peine que cette
entreprise me devoit donner; pour la peine je n'en parle poin
et tout mari que je suis je la veux bien prendre: ce qui me

A Limoge ce 19 Sept 1663

Ce seroit une belle chose que de voyager, s'il ne se falloit point lever si matin
tas que nous estions monsieur de Chasteauneuf et moy; luy pour avoir fai
tout le tour de Richelieu en grosses bottes, ce que je crois vous avoir mandé,
n'ayant pas deu obmettre une circonstance si remarquable; moy pour m'e
amusé a vous escrire au lieu de dormir; nostre promesse, et la crainte de

(Gravé par Fx As Dien)

ÉPISTRE

A MONSIEUR LE DUC DE BOUILLON.

————

Fils et nepveu de favoris de Mars,
Qui ne voyez chez vous de toutes parts
Ny de vertu ny d'exemple vulgaire,
Qui, de par vous et de par vostre père
Avez acquis l'amour de tous les cœurs;
Digne héritier d'un peuple de vainqueurs,
Écoutez-moi : qu'un moment de contrainte
Tienne vostre ame attentive à ma plainte;
Sur mon malheur daignez vous arrester :
En ce temps-cy c'est beaucoup d'écouter.
La sotte peur d'importuner un prince,
Vice non pas de cour, mais de province,
Comme Phœbus est mauvais courtisan,
M'avoit lié la voix jusqu'à présent.
Une autre peur à son tour me domine,
Et j'ay chassé cette honte enfantine,
Je parle enfin, et fais parler encor,
Non mon mérite, il n'est pas assez fort,
Mais mon seul zèle, et sa ferveur constante,
Car tout héros de cela se contente :
Mais pour toucher un prince généreux
C'est bien assez que l'on soit malheureux.
Je le suis donc graces à *l'écurie*,
Et ne suis pas seul de ma confrairie.
Un partisan nous ruine tout net;
Ce partisan c'est La Vallée-Cornay.

Dessous sa grife il faut que chacun danse ;
D'autre antechrist je ne connois en France :
Homme rusé, Janus à double front,
L'un de rigueur, l'autre à composer prompt.
Les distinguer n'est pas chose facile ;
L'un après l'autre ils exercent ma bile :
Quant La Vallée, en se faisant prier,
Dit qu'il me veut manger tout le dernier,
Cornay poursuit, et quand Cornay retarde,
A La Vallée il me faut prendre garde.
Prince je ris, mais ce n'est qu'en ces vers ;
L'ennui me vient de mille endroits divers.
Du parlement, des aydes, de la chambre (1),
Du lieu fameux par le sept de septembre (2),
De la Bastille et puis du Limosin (3),
Il me viendra des Indes à la fin.
Je ne dis pas qu'il soit juste qu'on voye
Le nom de noble à toutes gens en proye ;
C'est un abus, il faut le prévenir,
Et sans pitié les coupables punir ;
Il le faut, dis-je, et c'est où nous en sommes :
Mais le moins fier, mais le moins vain des hommes !
Qui n'a jamais prétendu s'appuyer

---

(1) La chambre de l'arsenal instruisoit le procès du surintendant.

(2) *C'est le jour où M. Foucquet fut arresté. (Note de la main de La Fontaine)* à Nantes, 1661.

(3) Madame Fouquet, femme du surintendant, avoit été conduite à Limoges. (*Voyez* la lettre du roi à la reine sa mère, du 5 septembre 1661, dans les œuvres de Louis XIV, tom. V, pag. 52, et les *mémoires pour servir à l'histoire de M. R.*, pag. 56.) Il résulte de ces diverses circonstances que cette épitre a été écrite en 1662.

Du vain honneur de ce mot d'écuyer,
Qui rit de ceux qui veulent le *parêtre*,
Qui ne l'est point, qui n'a point voulu l'estre !
C'est ce qui rend mon esprit estonné.
Avec cela je me vois condamné,
Mais par défaut. J'estois lors en Champagne,
Dormant, resvant, allant par la campagne,
Mon procureur dessus quelque autre point,
Et ne songeant à moy ny peu ny point,
Tant il croyoit que l'affaire estoit bonne.
On l'a surpris ; que Dieu le lui pardonne !
Il est bon homme, habile, et mon ami,
Sçait tous les tours ; mais il s'est endormi.
Thomas-Bousseau (1) n'en a pas fait de mesme ;
Sa vigilance en tels cas est extrême :
Il prend son temps, et fait tout ce qu'il faut
Pour obtenir un arrest par défaut.
Le rapporteur m'en a donné l'endosse,
En celuy-cy mettant toute la *sausse*.
S'il eust voulu quelque peu différer,
La cour, seigneur, eust pu considérer
Que j'ay tousjours esté compris aux tailles,

(1) Mᶜ Bousseau, procureur au parlement de Paris, occupoit pour les traitans, qui ayant affermé les tailles, avoient droit aux amendes prononcées contre ceux qui cherchoient à se soustraire au payement de cet impôt. On le voit par la déclaration du 8 février 1661, où il est dit que Mᵉˢ Bousseau et du Cantion seront tenus de mettre au greffe un état signé d'eux, contenant les noms de ceux qu'ils prétendront faire assigner, comme étant usurpateurs de noblesse. (*Voyez* l'*Abrégé chronologique d'édits, déclarations*, etc. *concernant le fait de noblesse*, publié par Cherin ; Paris, 1788, pag. 136.)

Qu'en nul partage, ou contract d'épousailles,
En jugemens intitulez de moy,
En acte aucun qui puisse nuire au roy,
Je n'ay voulu passer pour gentilhomme;
Thomas-Bousseau n'a sceu produire en somme
Que deux contracts, si chetifs que rien plus,
Signez de moy, mais sans les avoir leus;
Et lisez-vous tout ce qu'on vous apporte?
J'aurois signé ma mort de mesme sorte.
Voilà, seigneur, le fait en peu de mots.
Je vous arreste à d'estranges propos :
N'en accusez que ma raison troublée ;
Sous le chagrin mon ame est accablée ;
L'excès du mal m'oste tout jugement.
Que me sert-il de vivre innocemment,
D'estre sans faste, et cultiver les Muses ?
Hélas! qu'un jour elles seront confuses,
Quand on viendra leur dire en soupirant :
« Ce nourriçon que vous chérissiez tant,
« Moins pour ses vers que pour ses mœurs faciles,
« Qui préféroit à la pompe des villes
« Vos antres cois, vos chants simples et doux,
« Qui dès l'enfance a vescu parmi vous,
« *Est* succombé sous une injuste peine ;
« Et d'affecter une qualité vaine,
« Repris à faux, condamné sans raison,
« Couvert de honte est mort dans la prison !
Voilà le sort que les dieux me promettent;
Et sous Louis ces choses se permettent !
Louis, ce sage et juste souverain,
Que ne sçait-il qu'un arrest inhumain
M'a condamné, moi qui n'ay point fait faute!

A quelle *amande?* Elle est, seigneur, si haute,
Qu'en la payant je ne feray point mal
De stipuler qu'au moins dans l'hospital,
Puisqu'il ne faut espérer nulles graces,
Pour mon argent j'obtiendray quatre places :
Une pour moy, pour ma femme une aussi,
Pour mon frère (1) une, encor que de cecy
Il soit injuste après tout qu'il pâtisse;
Bref pour mon fils, y compris sa nourrice;
Sans point d'abus les voilà justement
Contant pour un la nourrice et l'enfant :
Il est petit et la chose est bien juste.
Si toutefois nostre monarque auguste
Cassoit l'arrest, cela seroit, seigneur,
Selon mon sens, bien plus à son honneur.
De luy parler, je n'en vaux pas la peine;
S'il s'agissoit de quelque grand domaine,
De quelque chose importante à l'estat,
Si c'estoit, dis-je, une affaire d'éclat,
Je vous prierois d'implorer sa justice.
A ce défaut, il est bon que j'agisse

(1) Claude de La Fontaine, frère de *Jean*, entra d'abord, comme celui-ci, dans l'ordre de l'Oratoire; l'ayant ensuite quitté, il se retira à Nogent-l'Artaut, près de Château-Thierry, et il y mourut du vivant de son frère. Il avoit fait donation, en 1649, de tous ses biens à Jean de La Fontaine, à la condition de lui payer une rente viagère; mais comme il arrivoit souvent que La Fontaine oublioit de s'acquitter, son frère étoit obligé de l'en faire souvenir par des actes d'huissiers. On conserve encore quelques unes de ces *sommations* dans la famille du poëte.

Près de celuy qui dispose de tout(1),
Qui par ses soins peut seul venir à bout
De réformer, de restablir la France,
Chasser le luxe, amener l'abondance,
Rendre le prince et les sujets *contans*;
Mais il lui faut encore un peu de temps,
Et le mal est que je ne puis attendre;
Moy mort de faim, on aura beau m'apprendre
L'heureux estat où seront ces climats;
Pour en jouir je ne reviendray pas.
Demandez donc à ce ministre rare,
Que par pitié du reste il me sépare.
Il le fera, n'en doutez point, seigneur.
Si vostre épouse estoit mesme d'humeur
A dire encore un mot sur cette affaire;
Comme elle sçait persuader et plaire,
Inspire un charme à tout ce qu'elle dit,
Touche tousjours le cœur quant et l'esprit;
Je suis certain qu'une double entremise,
De cette *amande* obtiendroit la remise.
Demandez-la, seigneur, et m'en croyez;
Mais que ce soit si bien que vous l'ayez,
Et vous l'aurez; j'engage à vostre altesse
Ma foy, mon bien, mon honneur, ma promesse,
Que ce ministre aymé de nostre roy,
Si vous parlez, inclinera pour moy.

(1) M. Colbert. Si La Fontaine, comme les autres hommes, avoit connu le ressentiment, que ne lui en eût-il pas coûté d'être réduit à de telles prières auprès du persécuteur de Fouquet!

SUITE DE LA RELATION
DU VOYAGE DE LIMOGES.

A Madame DE LA FONTAINE.

A Limoge, ce 12 septembre 1663.

Je vous promis par le dernier ordinaire la description du chasteau de Richelieu; assez légèrement pour ne vous en point mentir, et sans considérer mon peu de mémoire, ny la peine que cette entreprise me devoit donner: pour la peine, je n'en parle point, et tout mari que je suis je la veux bien prendre (1) : ce qui me retient, c'est le défaut de mémoire; pouvant dire la plus-part du temps que je n'ay rien veu de ce que j'ay veu, tant je sçais bien oublier les choses. Avec cela, je crois qu'il est bon de ne point passer par dessus cet endroit de mon voyage, sans vous en faire la relation. Quelque

---

(1) La Fontaine faisoit beaucoup valoir sa complaisance envers sa femme. « J'emploie, dit-il dans sa troisième lettre, les heures qui « me sont les plus précieuses à vous faire des relations, moi qui suis « enfant du sommeil et de la paresse. Qu'on me parle après cela des « maris qui se sont sacrifiés pour leurs femmes ! Je prétends les sur- « passer tous, etc. »

mal que je m'en acquitte, il y aura tousjours à profiter :
et vous n'en vaudrez que mieux de sçavoir, sinon toute
l'histoire de Richelieu, au moins quelques singularitez
qui ne me sont point eschapées, parce que je m'y suis
particulièrement arresté. Ce ne sont peut-estre pas les
plus remarquables, mais que vous importe? De l'humeur dont je vous connois, une galanterie sur ces matières vous plaira plus que tant d'observations sçavantes
et curieuses. Ceux qui chercheront de ces observations
sçavantes dans les lettres que je vous escris se trompe-
ront fort; vous sçavez mon ignorance en matière d'ar-
chitecture, et que je n'ay rien dit de Vaux que sur des
mémoires (1): le mesme avantage me manque pour Richelieu: véritablement, au lieu de cela, j'ay eu les avis
de la concierge et ceux de monsieur de Chasteauneuf (2): avec l'ayde de Dieu et de ces personnes, j'en
sortiray. Ne laissez pas de mettre la chose au pis, car il
vaut mieux ce me semble estre trompée de cette façon
que de l'autre. En tous cas, vous aurez recours à ce que
monsieur Desmarets a dit de cette maison. C'est un grand
maistre en fait de descriptions; je me garderois bien de
particulariser aucun des endroits où il a pris plaisir à
s'estendre, si ce n'estoit que la manière dont je vous

---

(1) On n'a que des fragments du poëme que La Fontaine composa
sur le château de Vaux. (*Voyez* ses *OEuvres diverses.*)

(2) Valet-de-pied qui avoit ordre d'accompagner M. Jannart jusqu'à Limoges, lieu de son exil.

escris ces choses n'a rien de commun avec celle de ses *promenades* (1).

Nous arrivasmes donc à Richelieu par une avenue qui borde un costé du parc. Selon la vérité, cette avenue peut avoir une demi-lieue, mais à *conter* selon l'impatience où j'estois, nous trouvasmes qu'elle avoit une bonne lieue tout au moins. Jamais préambule ne s'est rencontré si mal à propos, et ne m'a semblé si long. Enfin on se trouve en une place fort spacieuse : je ne me souviens pas bien de quelle figure elle est : Demi-rond, ou demi-ovale, cela ne fait rien à l'histoire, et pourveu que vous soyez avertie que c'est la principale entrée de cette maison, il suffit. Je ne me souviens pas non plus en quoy *consiste* la basse-cour, l'avant-cour, les arrière-cours, ny du nombre des pavillons et corps de logis du chasteau, moins encore de leur structure. Ce détail m'est échapé, de quoi vous estes femme encore une fois à ne vous pas soucier bien fort. C'est assez que le tout

(1) *Voyez* les *Promenades de Richelieu*, ou *les Vertus chrétiennes*, par J. Desmarets, Paris, 1653, petit in-8° de 63 pages. Ainsi que le dit La Fontaine, la manière de Desmarets n'a rien de commun avec la sienne. L'ouvrage de Desmarets est tout à-la-fois mystique et descriptif ; chacune de ses *promenades* est consacrée à une vertu chrétienne, et ce n'est qu'à l'aide d'un travail que l'auteur n'a pas eu l'adresse de dissimuler, que la description de Richelieu est ramenée dans ce cadre singulier. Ce petit poëme présente plusieurs passages qui ne sont pas dépourvus d'agrément. On les citera, parceque La Fontaine y a fait allusion. La rareté fait aujourd'hui le principal mérite de cet opuscule.

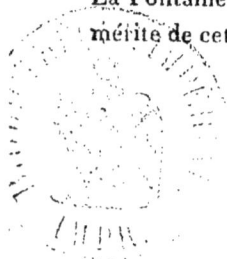

2

est d'une beauté, d'une magnificence, d'une grandeur
dignes de celuy qui l'a fait bastir. Les fossez sont larges
et d'une eau très pure. Quand on a passé le pont-levis,
on trouve la porte gardée par deux dieux, Mars et Hercule. Je louay fort l'architecte de les avoir placez en ce
poste-là, car puisqu'Apollon servoit quelquefois de
simple commis aux secrétaires de son éminence, Mars
et Hercule pouvoient bien lui servir de suisses. Ils mé-
riteroient que je m'arrestasse à eux un peu davantage,
si cette porte n'avoit des choses encor plus singulières.
Vous vous souviendrez sur-tout qu'elle est couverte
d'un dôme, et qu'il y a une Renommée au sommet (1):
c'est une déesse qui ne se plaist pas d'estre enfermée,
et qui s'ayme mieux en cet endroit que si on luy avoit
donné pour retraite le plus bel appartement du logis.

> Mesme elle est en une posture
> Toute preste à prendre l'essor;
> Un pied dans l'air, à chaque main un cor,
> Légère et déployant les aisles,
> Comme allant porter les nouvelles

(1) On joint ici les vers de Desmarets sur cette Renommée. Le
poëte y fait allusion aux troubles de la Fronde.

> Sur la pointe d'un dôme ici semble emplumée
> Partir pour un grand vol la prompte Renommée.
> Autour d'elle je vois ces oiseaux voleter,
> Pour partir avec elle ou pour la consulter,
> Voulant porter bientôt sur leurs aîles légères
> Les discords des François aux terres étrangères.
>   (IVᵉ *Promenade.*)

Des actions de Richelieu,
Cardinal, duc et demi-dieu :
Telle enfin qu'elle devoit estre
Pour bien servir un si bon maistre ;
Car tant moins elle a de loisir
Tant plus on luy fait de plaisir (1).

Cette figure est de bronze et fort estimée (2). Aux deux costez du frontispice que je descris, on a eslevé en manière de statues, de pyramides si vous voulez, deux colonnes du corps desquelles sortent des bouts de navires ; (*bouts de navires* ne vous plaira guère, et peut-estre aymeriez-vous mieux le terme de pointes ou celui de becs : choisissez le moins mauvais de ces trois mots-là : Je doute fort que pas un soit propre ; mais j'ayme autant m'en servir que d'appeller cela colomnes rostrales); ce sont des restes d'amphithéâtre qu'on a rencontrez fort heureusement, n'y ayant rien qui convienne mieux à l'amirauté, laquelle celuy qui a fait bastir ce chasteau

(1) La Fontaine affectionnoit cette tournure qu'il a empruntée de la langue italienne ; il l'a encore employée dans un dizain adressé à M. Fouquet, qui trouvoit que trois madrigaux étoient loin d'acquitter la dette de son poëte.

Quand ils sont bons, en ce cas tout prud'homme
Les prend au poids au lieu de les compter :
Sont-ils méchants, *tant moindre* en est la somme,
Et *tant plus tost* on s'en doit contenter.

(2) Cette Renommée étoit de Berthelot, sculpteur, sur lequel on n'a conservé aucun renseignement. On ignore ce qu'elle est devenue. (*Voyez* le *Château de Richelieu avec des réflexions morales*, par Vignier, Saumur, 1676, in-8°, pag. 10.)

2.

joignoit à tant d'autres titres. De dedans la cour et sur le fronton de la même entrée, on voit trois petits Hercules, autant poupins et autant mignons que le peuvent estre de petits Hercules (1); chacun d'eux garni de sa peau de lion et de sa massue : (Cela ne vous fait-il point souvenir de ce Saint-Michel garni de son diable ?) Le statuaire en leur donnant la contenance du père, et en les proportionnant à sa taille, leur a aussi donné l'air d'enfants, ce qui rend la chose si agréable qu'en un besoin ils passeroient pour Jeux ou pour Ris, un peu membrus à la vérité. Tout ce frontispice est de l'ordonnance de Jacques Le Mercier (2), et a de part et d'autre un mur en *terrace* qui découvre entièrement la maison, et par où il y a apparence que se communiquent deux pavillons qui sont aux deux bouts. Si le reste du logis m'arreste à proportion de l'entrée, ce ne sera pas ici une lettre mais un volume : Qu'y feroit-on ? Il faut bien que j'employe à quelque chose le loisir que le roy nous donne. Autour du chasteau sont force bustes et force statues, la plus-

---

(1) Ces petits Hercules étoient antiques et très beaux, dit Vigier au livre cité.

(2) L'un de nos plus grands architectes. Il a construit la Sorbonne, le *Palais-Cardinal*, appelé *Palais-Royal*, depuis que le cardinal de Richelieu en a fait don au roi ; il ne reste qu'une aile sur la cour de la construction de Jacques Le Mercier ; elle est reconnoissable par les proues de vaisseaux, symbole de la charge de grand-amiral dont étoit revêtu le cardinal de Richelieu. L'église de Saint-Roch, commencée en 1653, a été le dernier ouvrage de Jacques Le Mercier ; il mourut en 1660, et l'on termina l'édifice d'après ses plans. Le portail n'a été bâti que sous Louis XV.

part antiques ; comme vous pourriez dire des Jupiters, des Apollons, des Bacchus, des Mercures et autres gens de pareille estofe ; car pour les dieux je les connois bien, mais pour les héros et grands personnages, je n'y suis pas fort expert : mesme il me souvient, qu'en regardant ces *chef-d'œuvres*, je pris Faustine pour Vénus ; (à laquelle des deux faut-il que je fasse réparation d'honneur ?) et, puisque nous sommes sur le chapitre de Vénus, il y en a quatre de bon *conte* dans Richelieu, une entre autres divinement belle, et dont monsieur de Maucroix (1) dit que Le Poussin luy a fort parlé, jusqu'à la mettre au-dessus de celle de Médicis. Parmi les autres statues qui ont là leur appartement et leurs niches, l'Apollon et le Bacchus emportent le prix au goust des sçavants ; ce fut toutefois Mercure que je considéray davantage, à cause de ces hirondelles qui sont si simples que de luy confier leurs petits, tout larron qu'il est ; lisez cet endroit des *promenades de Richelieu* (2) ; il m'a

***

(1) François de Maucroix, chanoine de Rheims, plus connu par sa liaison avec La Fontaine que par ses ouvrages.

(2) Mainte hirondelle passe avec son aile aigue,
Consulte de ces dieux la réponse ambigue,
Va cent fois et revient, gazouillant à l'entour
De Jupiter, de Mars, de Vénus et d'Amour.
Mais n'en vois-je pas une insolente et profane
Qui gâte de son nid le carquois de Diane ?
Une autre a pour abri la harpe d'Apollon :
Cette autre de Pomone habite un creux melon.
J'admire celle-ci qui simple s'aventure
De confier sa race à ce larron Mercure.
(IVe *Promenade.*)

semblé beau, aussi bien que la description de ces deux
captifs (1), dont monsieur Desmarets dit que l'un porte
ses chaisnes patiemment, l'autre avecque force et contrainte: On les a placez en lieu remarquable, c'est-à-dire,
à l'endroit du grand degré, l'un d'un costé du vestibule,
l'autre de l'autre ; ce qui est une espece de consolation
pour ces marbres, dont Michel-Ange pouvoit faire deux
empereurs.

> L'un toutefois de son destin soupire,
> L'autre paroist un peu moins mutiné.
> Heureux captifs ! si cela se peut dire
> D'un marbre dur et d'un homme enchaisné.

> Je ne voudrois estre ny l'un ny l'autre
> Pour embellir un séjour si charmant ;
> En d'autres cas vostre sexe et le nostre
> De l'un des deux se pique également.

> Nous nous piquons d'estre esclaves des dames,
> Vous vous piquez d'estre marbres pour nous ;
> Mais c'est en vers, où les fers et les flames
> Sont fort communs et n'ont rien que de doux.

Pardonnez-moi cette petite digression ; il m'est impossible de tomber sur ce mot d'esclave sans m'arrester;

(1) Laissons, dit Desmarets,

> ... Ces nobles captifs vivans dans la sculpture,
> Dont l'un brave le sort, l'autre triste l'endure ;
> En qui ses derniers coups l'art voulut réserver,
> Défiant l'avenir d'oser les achever.
>
> (Ire *Promenade*.)

que voulez-vous? Chacun ayme à parler de son mestier;
cecy soit dit toutefois sans vous faire tort. Pour revenir
à nos deux captifs, je pense bien qu'il y a eu autrefois
des esclaves de vostre façon qu'on a estimez, mais ils
auroient de la peine à valoir autant que ceux-cy. On dit
qu'il ne se peut rien voir de plus excellent, et qu'en ces
statues Michel-Ange a surpassé non seulement les sculp-
teurs modernes, mais aussi beaucoup de choses des
anciens. Il y a un endroit qui n'est quasi qu'ébauché,
soit que la mort, ne pouvant souffrir l'accomplissement
d'un ouvrage qui devoit estre immortel, ayt arresté Michel-Ange en cet endroit-là, soit que ce grand personnage l'ayt fait à dessein, et afin que la postérité reconnust
que personne n'est capable de toucher à une figure
après luy. De quelque façon que cela soit, je n'en
estime que davantage ces deux captifs, et je tiens que
l'ouvrier tire autant de gloire de ce qui leur manque,
que de ce qu'il leur a donné de plus accompli.

<blockquote>
Qu'on ne se plaigne pas que la chose ayt esté
Imparfaite trouvée;
Le prix en est plus grand, l'auteur plus regreté
Que s'il l'eust achevée (1).
</blockquote>

(1) Ces deux esclaves furent donnés par Michel-Ange à Robert
Strozzi, gentilhomme florentin, qui en fit hommage à François Ier.
Le roi en gratifia le connétable de Montmorenci, chez lequel ils sont
restés long-temps au château d'Ecouen. Acquis par le cardinal, ils
furent placés à Richelieu, d'où le maréchal, son arrière petit-
neveu, les a fait apporter au pavillon d'Hanovre. Au commencement
de la révolution on les a mis au Muséum. Ils font partie de la collection de France. Ils orneront l'une des salles destinées aux monu-
ments de la sculpture moderne.

Au lieu de monter aux chambres par le grand degré,
comme nous devions en estant si proches, nous nous laissasmes conduire par la concierge ; ce qui nous fit perdre l'occasion de le voir, et il n'en fut fait depuis nulle
mention ; monsieur de Chasteauneuf luy mesme, qui
l'avoit veu, ne se souvint pas d'en parler.

> De quoy je ne lui sçais aucunement bon gré ;
> Car d'autres gens m'ont dit qu'ils avoient admiré
>   Ce degré,
> Et qu'il est de marbre jaspé (1).

Pour moy ce n'est ny le marbre ny le jaspe que je
regrette, mais les antiques qui sont au haut : particulièrement ce favori de l'empereur Adrien, Antinoüs, qui
dans sa statue contestoit de beauté et de bonne mine
contre Apollon, avec cette différence pourtant, que ce-
lui-cy avoit l'air d'un dieu et l'autre d'un homme. Je ne
m'amuseray point à vous descrire les divers enrichisse-
ments ny les meubles de ce palais ; ce qui s'en peut dire
de beau, monsieur Desmarets l'a dit : Puis nous n'eusmes quasi pas le loisir de considérer ces choses, l'heure
et la concierge nous faisant passer de chambre en chambre, sans nous arrester qu'aux originaux des *Albert-Dure*,
des *Titians*, des *Poussins*, des *Pérusins*, des *Mantegnes*

___

(1) Desmarets en a parlé :

> Quand du riche escalier que l'étranger admire,
> Aux deux larges remparts de marbre et de porphire,
> J'entre en la vaste cour, etc.
>   (IVe *Promenade.*)

et autres héros dont l'espèce est aussi commune en Italie, que les généraux d'armée en Suéde. Il y eut pourtant un endroit où je demeuray long-temps. Je ne me suis pas avisé de remarquer si c'est un cabinet ou une antichambre : quoy que ce soit, le lieu est tapissé de portraits,

> Pour la pluspart environ grands
> Comme des miroirs de toilette ;
> Si nous eussions eu plus de temps,
> Moins de haste, une autre interprete,
> Je vous dirois de quelles gens.

Vous pouvez juger que ce ne sont pas gens de petite estofe. Je m'attachay particulièrement au cardinal de Richelieu, cardinal qui tiendra plus de place dans l'histoire que trente papes ; au duc (1) qui a hérité de son nom, de ses vertus, de ses belles inclinations et de son chasteau ; au feu amiral de Brezé (2) ; c'est dommage qu'il soit mort si jeune, car chacun en parle comme d'un seigneur qui estoit merveilleusement ac-

---

(1) Armand-Jean Vignerot, substitué aux noms et armes du Plessis par le cardinal de Richelieu, duc de Richelieu et de Fronsac. Il mourut le 10 mai 1715, à l'âge de quatre-vingt-six ans.

(2) Armand de Maillé-Brezé, duc de Fronsac, fils de Urbain de Maillé, marquis de Brezé et de Nicole du Plessis-Richelieu, sœur du cardinal. Il préta, au mois de janvier 1643, le serment de grand-maitre, chef et surintendant général de la navigation et du commerce de France. Il fut tué sur mer d'un coup de canon, le 14 juin 1646, n'ayant encore que vingt-sept ans. Il étoit beau-frère du grand Condé.

compli, et bien auprès de Mars, d'Armand et de Neptune. Monsieur le Prince et luy avoient entrepris de
remplir le monde de leurs merveilles ; Monsieur le
Prince la terre, et le duc de Brezé la mer ; le premier
est venu à bout de son entreprise ; l'autre l'auroit fort
avancée s'il eust vescu, mais un coup de canon l'arresta,
et l'alla choisir au milieu d'une armée navale. Je ne sçais
si on me monstra le marquis (1) et l'abbé de Richelieu ;
il y a toutefois apparence que leurs portraits sont aussi
dans ce cabinet, quoyqu'ils ne fussent qu'enfans lorsqu'on le mit en l'estat qu'il est. Tous deux sont bien
dignes d'y avoir place. Tant que le marquis (2) a vescu
il a esté aymé du roy et des belles ; l'abbé (3) l'est de
tout le monde, par une fatalité dont il ne faut point
chercher la cause parmi les astres (4). Outre la famille
de Richelieu, je parcourus celle de Louis treize. Le
reste est plein de nos roys et reynes, des grands sei-

(1) La Fontaine avoit d'abord écrit : *Je consideray aussi avec
grande attention le feu marquis de Richelieu.* Il a rayé ces mots, et
il a écrit à la suite ce qu'on lit ici.

(2) Jean-Baptiste-Amador Vignerot, marquis de Richelieu, marié
le 6 novembre 1652 avec Jeanne-Baptiste de Beauvais, l'une des
filles de madame de Beauvais, première femme-de-chambre d'Anne
d'Autriche. Il mourut le 11 avril 1662.

(3) Emmanuel-Joseph Vignerot, comte de Richelieu, abbé de
Marmoutier et de Saint-Ouen, de Roüen. Il mourut à Venise le
9 janvier 1665.

(4) La Fontaine avoit écrit d'abord : Par une fatalité *dont tous
ceux qui connoissent son mérite n'iront point chercher la cause dans
les astres.* Il a biffé cette leçon, et l'a remplacée en interligne par
celle que nous suivons ici.

gneurs, des grands personnages de France; (je fais
deux classes des grands personnages et des grands seigneurs, sçachant bien qu'en toutes choses il est bon
d'éviter la confusion). Enfin, c'est l'histoire de nostre
nation que ce cabinet. On n'a eu garde d'y oublier les
personnes qui ont triomphé de nos roys : ne vous allez
pas imaginer que j'entende par là des Anglois ou des
Espagnols? C'est un peuple bien plus redoutable et bien
plus puissant dont je veux parler : en un mot, ce sont
les *Jocondes* (1), les Belle-Agnès (2) et ces conquérantes
illustres, sans qui Henri quatriesme auroit été un prince
invincible. Je les regarday d'aussi bon cœur que je
voudrois voir vostre oncle à cent lieues d'icy.

Enfin, nous sortismes de cet endroit, et traversasmes
je ne sçais combien de chambres riches et magnifiques,
des mieux ornées, et dont je ne diray rien; car de
m'amuser à des lambris et à des dorures, moy que Richelieu a rempli d'originaux et d'antiques, vous ne me
le conseilleriez pas : toutefois je vous avoueray que
l'appartement du roy m'a semblé merveilleusement su-
perbe; celuy de la reyne ne l'est pas moins : il y a tant
d'or qu'à la fin je m'en ennuyay : jugez ce que peuvent
faire les grands seigneurs, et quelle misère c'est d'estre
riche : il a fallu qu'on ayt inventé les chambres de stuc,

---

(1) Aucune maîtresse de nos rois n'a porté ce nom. Il est vraisem-
blable que La Fontaine, en écrivant cette lettre, étoit tout occupé de
la nouvelle de Joconde qu'il fit imprimer l'année suivante. (*Voyez*
la *Vie de La Fontaine*, par Marais, 1665.)

(2) Agnès-Sorel, maîtresse de Charles VII.

où la magnificence se cache sous une apparence de
simplicité. Il est encore bon que vous sçachiez que l'appartement du roy consiste en diverses pièces, dont
l'une appelée le grand cabinet est remplie de peintures
exquises : il y a entre autres des Bacchanales du Poussin (1), et un combat burlesque et énigmatique de Pallas et de Vénus, d'un peintre que la concierge ne nous
put nommer (2) : Vénus a le casque en tête et une longue
estocade. Je voudrois pour beaucoup me souvenir des
autres circonstances de ce combat et des différens personnages dont est composé le tableau ; car chacune de
ces déesses a son parti qui la favorise. Vous trouveriez
fort plaisantes les visions que le peintre a eues. Il fait
demeurer l'avantage à la fille de Jupiter ; mais à propos,
elles sont toutes deux ses filles : je voulois donc dire à
celle qui est née de son cerveau. La pauvre Vénus est
blessée par son ennemie ; en quoy l'ouvrier a représenté
les choses non comme elles sont, car c'est d'ordinaire
la beauté qui est victorieuse de la vertu , mais plustost
comme elles doivent estre ; asseurément sa maistresse
lui avoit joué quelque mauvais tour. Ce grand cabinet
dont je parle est accompagné d'un autre petit, où quatre

(1) Il y avoit à Richelieu deux tableaux du Poussin, représentant
des Bacchanales ; on voyoit dans l'un Silène monté sur un léopard,
et dans l'autre le triomphe de Bacchus. (*Voyez* le *Château de Ri-*
chelieu, par Vignier, pag. 62 et 63.) On croit que ces tableaux sont
passés dans la galerie d'Orléans, et qu'ils sont maintenant en
Angleterre.

(2) Ce tableau est du Pérugin, maître de Raphaël-d'Urbin. (*Voyez*
l'ouvrage cité audit lieu.)

tableaux pleins de petites figures représentent les quatre éléments. Ces tableaux sont du *Rembrant* (1) ; la
concierge nous le dit, si je ne me trompe ; et quand je
me tromperois, ce n'en seroit pas moins les quatre éléments. On y void des feux d'artifice, des courses de
bague, des carrousels, des divertissements de trais-
neaux et autres gentillesses semblables. Si vous me demandez ce que tout cela signifie, je vous respondrai
que je n'en sçais rien. Au reste le cardinal de Richelieu,
comme cardinal qu'il estoit, a eu soin que son chasteau
fût suffisamment fourni de chapelles. Il y en a trois
dont nous vismes les deux d'en haut ; pour celle d'en
bas, nous n'eusmes pas le temps de la voir, et j'en ay
regret, à cause d'un saint Sébastien que l'on prise fort.
Dans l'une de celles qui sont en haut, je trouvai l'ori-
ginal de cette *dondon* que nostre cousin a fait mettre
sur la cheminée de sa salle. C'est une Magdeleine du
Titian (2), grosse et grasse et fort agréable ; de beaux
t....., comme aux premiers jours de sa pénitence, auparavant que le jeusne eut commencé d'empiéter sur
elle : (ces nouvelles pénitentes sont dangereuses, et
tout homme de sain entendement les fuira) il me semble que je n'ay pas parlé trop dévotement de la Magde-

(1) La Fontaine a rayé le nom de ce peintre, et il ne l'a remplacé
par aucun autre. Vignier dit que ces quatre tableaux étoient des
paysages de Claude Lorrain, avec des figures de Dervet. Ce dernier
artiste, imitateur de Callot, étoit peintre du duc de Lorraine.
Suivant dom Calmet, dans sa *Bibliothèque de Lorraine*, le portrait
de Dervet a été gravé d'après un dessin de la main de Louis XIII.

(2) C'étoit une belle copie. (*Voyez* Vignier, pag. 94.)

leine ; aussi n'est-ce pas mon fait que de raisonner sur
des matières spirituelles ; j'y ay eu mauvaise grace toute
ma vie : c'est pourquoy je passeray sous silence les ra-
retez de ces deux chapelles, et m'arresteray seulement
à un saint Hierosme, tout de pièces rapportées , la plu-
part grandes comme des testes d'épingles, quelques-
unes comme des cirons (1). Il n'y en a pas une seule qui
n'àyt esté employée avec sa couleur ; cependant leur
assemblage est un saint Hierosme si achevé, que le
pinceau n'auroit pu mieux faire : aussi semble-t-il que
ce soit peinture, mesme à ceux qui regardent de près
cet ouvrage. J'admiray non seulement l'artifice, mais la
patience de l'ouvrier. De quelque façon que l'on consi-
dère son entreprise, elle ne peut estre que singulière,

> Et dans l'art de *niveler*,
> L'auteur de ce saint Hierosme
> Devoit sans doute exceller
> Sur tous les gens du royaume.

Ce n'est pas que je sçache son païs, pour en parler
franchement, ny mesme son nom ; mais il est bon de
dire que c'est un François , afin de faire paroistre cette
merveille d'autant plus grande. Je voudrois pour com-
ble de *nivelerie* qu'un autre entreprist de *conter* les
pièces qui la composent : mais ne passeray-je point moy
mesme pour un *nivelier*, de tant m'arrester à ce saint

(1) Cette pièce étoit en mosaïque, art peu connu alors en France ,
où, même aujourd'hui, ces sortes d'ouvrages sont en très petit nombre.
(*Voyez* l'*Essai sur la peinture en mosaïque*, par M. Le V..., Paris,
1768, in-12.)

Hierosme (ı)? Il faut le laisser ; aussi bien dois-je réserver mes louanges pour cette fameuse table dont vous devez avoir entendu parler, et qui fait le principal ornement de Richelieu (2). On l'a mise dans le salon, c'est-à-dire au bout de la galerie, le salon n'en estant séparé que par une arcade. Il me semble que j'aurois bien fait d'invoquer les muses pour parler de cette table assez dignement.

<blockquote>

Elle est de pieces de rapport,
Et chaque piece est un trésor;
Car ce sont toutes pierres fines,
Agates, jaspe et cornalines;
Pierres de prix, pierres de nom,
Pierres d'éclat et de renom;
Voilà bien de la pierrerie :
Considérez que de ma vie
Je n'ay trouvé d'objet qui fust si précieux.
Ce qu'on prise aux tapis de Perse et de Turquie,
Fleurons, compartimens, animaux, broderie,
Tout cela s'y présente aux yeux.
L'éguille et le pinceau ne rencontrent pas mieux.
J'en admiray chaque figure;
Et qui n'admireroit ce qui naist sous les cieux?
Le sçavoir de Pallas, aydé de la teinture,
Cède au caprice heureux de la simple nature;
Le hazard produit des morceaux

</blockquote>

(ı) La Fontaine avoit écrit : *Mais je passerois moy-mesme pour un nivelier, si je m'arrestois davantage à ce saint Hieros...* Il a rayé cette leçon, et a substitué à la suite celle que j'ai suivie.

(2) Desmarets décrit cette table dans des vers si mauvais, que l'on croit faire grace aux lecteurs en ne les citant pas.

Que l'art n'a plus qu'à joindre, et qui font sans peinture
Des modèles parfaits de fleurons et d'*oiseaus* (1).

Tout cela pourtant n'est de rien *conté :* ce qui fait la
valeur de cette table, c'est une agate qui est au milieu,
grande presque comme un bassin, taillée en ovale et de
couleurs extrêmement vives. Ses veines sont délicates
et meslées de feuille morte, isabelle et couleur d'aurore : au reste vraye agate d'Orient, laquelle a toutes
les qualités qu'on peut souhaiter aux pierres de cette
espèce,

Et pour dire en un mot, la reine des agates.

Dans tout l'empire des camayeux (ce sont peuples
dont les agates font une branche), je ne crois pas qu'il
se trouve encore une merveille aussi grande que celle-
cy, ny que rien de plus rare nous soit venu,

Des bords où le soleil commence sa carrière.

J'en excepte cette agate qui représentoit Apollon et

---

(1) Cette table magnifique étoit en mosaïque de Florence, dans
la composition de laquelle il entre beaucoup de pierres fines. L'abbé
Richard vit dans l'atelier de Florence le dessin d'une table de cinq
pieds de long sur deux et demi de large. C'étoit une guirlande de
coquillages entrelacées de branches de corail et d'un fil de perles;
sur un fond de lapis-lazuli. On lui dit que cet ouvrage devoit oc-
cuper quarante hommes pendant un an et demi. (*Voyez* la *Description de l'Italie*, tom. III, pag. 88.)

les neuf Muses (1) ; car je la mets la première, et celle de Richelieu la seconde.

> Ce palais si fameux des princes de Florence,
> Riche et brillant séjour de la magnificence ;
> Le trésor de Saint-Marc ; celuy dont les François
> Recommandent la garde aux cendres de leurs roys ;
> Les vastes magasins dont le serrail abonde,
> Magasins enrichis des dépouilles du monde ;
> Jule enfin n'eut jamais rien de plus précieux.

Et pour m'exprimer plus familièrement, et en termes moins poétiques,

> Saint-Denys et Saint-Marc, le palais du grand-Duc,
> L'hôtel de Mazarin, le sérail du grand-Turc,
> N'ont rien à ce qu'on dit de plus considérable.
> Je me suis informé du prix de cette table :
> Voulez-vous le sçavoir? mettez cent mille escus,
> Doublez-les, ajoutez cent autres par-dessus,
> Le produit en sera la valeur véritable.

Dans le mesme lieu où on l'a mise sont quatre ou cinq bustes et quelques statues, parmi lesquelles on me nomma Tibère et Livie ; ce sont personnes que vous

---

(1) On a fait d'inutiles recherches pour savoir si l'agate dont parle ici La Fontaine étoit connue des antiquaires ; elle n'est pas à la bibliothèque du roi, et les divers auteurs qui ont écrit sur les pierres antiques gravées n'en ont point parlé. Elle n'est pas au nombre des objets précieux qui composoient le trésor de Saint-Denis, et dont Félibien donne la description dans son histoire de l'abbaye de ce nom.

3

connoissez, et dont monsieur de La Calprenede(1) nous
entretient quelquefois (2). Je ne vous en diray rien davantage, aussi bien ma lettre commence à me sembler
un peu longue. Il m'est pourtant impossible de ne
point parler d'un certain buste, dont la draperie est de
jaspe ; belle teste, mais mal peignée ; des traits de vi-
sage grossiers, quoyque bien proportionnez, et qui
ont quelque chose d'héroïque et de farouche tout à la
fois ; un regard fier et terrible ; enfin la vraye image
d'un jeune *Scithe :* vous ne prendriez jamais cette teste
pour celle d'un de nos galants, avoüez-le-moy ; c'est
aussi celle d'Alexandre. J'eusse fait tort à ce prince, si
j'eusse regardé après luy un moindre héros que le grand
Armand. Nous rentrasmes pour ce sujet dans la galerie.
On y void ce ministre peint en habit de cavalier et de
cardinal, encourageant des troupes par sa présence, et
monté sur un cheval parfaitement beau ; ce pourroit
bien estre ce *barbe* qu'on appelloit l'*Impudent*, animal
sans considération ny respect, et qui devant les majes-
tez et les éminences rioit à toutes celles qui lui plai-
soient. Les tableaux de cette galerie représentent une
partie des conquestes que nous avons faites sous le mi-

(1) Gautier de Costes, seigneur de la Calprenéde de Tolgou et de
Vatimesnil, auteur de la *Cléopâtre* et du *Pharamond*. Il étoit alors
bien près de terminer sa carrière, car il mourut d'accident dans les
premiers jours du mois d'octobre 1663. (*Voyez* les *Mémoires* du
P. Niceron, tom. XXXVII, pag. 239.)

(2) Les lignes qui précèdent sont surchargées de ratures dans le
manuscrit de La Fontaine, mais il n'a pas été possible de lire ce que
le fabuliste avoit d'abord écrit.

nistère d'Armand. Après que j'eus jetté l'œil sur les principales, nous descendismes dans les jardins, qui sont beaux sans doute et fort estendus. Rien ne les sépare d'avec le parc. C'est un pays que ce parc; on y court le cerf. Quant aux jardins, le partèrre est grand et l'ouvrage de plus d'un jour. Il a fallu pour le faire qu'on ayt tranché toute la croupe d'une montagne. La retenue des terres est couverte d'une pallissade de philirea (1), apparemment ancienne, car elle est chauve en beaucoup d'endroits : il est vray que les statues qu'on y a mises réparent en quelque façon les ruines de sa beauté. Ces endroits, comme vous sçavez, sont d'ordinaire le quartier des Flores. J'y en vis une et une Vénus, un Bacchus moderne, un consul (que fait ce consul parmi de jeunes déesses?) une dame grecque, une autre dame romaine avec une autre sortant du bain. Avouez le vray; cette dame sortant du bain n'est pas celle que vous verriez le moins volontiers. Je ne vous sçaurois dire comme elle est faite, ne l'ayant considérée que fort peu de temps. Le déclin du jour et la curiosité de voir une partie des jardins en furent la cause. Du lieu où nous regardions ces statues, on voit à droite une fort longue pelouze, et ensuite quelques allées profondes, couvertes, agréables, et où je me plairois extrêmement à avoir une aventure amoureuse : en un mot de ces *ennemies du jour* tant célébrées par les poëtes. A midi véritablement on y entrevoit quelque chose,

(1) *Filaria*, ou *Phyllirea*, arbrisseau toujours vert que l'on cultive dans les jardins.

3.

Comme un soir lorsque l'ombre arrive en un séjour;
Où lorsqu'il n'est plus nuit, et n'est pas encor jour (1),

Je m'enfoncay dans l'une de ces allées. Monsieur de Chasteauneuf qui estoit las, me laissa aller. A peine eus-je fait dix ou douze pas, que je me sentis forcé par une puissance secrète de commencer quelques vers à la gloire du grand Armand. Je les ay depuis achevez sur les mémoires que me donnèrent les nymphes de Richelieu : leur présence à la vérité m'a manqué trop tost; il seroit à souhaiter que j'eusse mis la dernière main à ces vers au mesme lieu qui me les a fait ébaucher. Imaginez-vous que je suis dans une allée, où je médite ce qui s'ensuit :

(1) Vers charmant que La Fontaine n'a pas voulu laisser enseveli dans un ouvrage qu'il ne destinoit pas à l'impression. Il en a fait usage dans sa fable des *lapins*.

A l'heure de l'affût, soit lorsque la lumière
Précipite ses traits dans l'humide séjour,
Soit lorsque le soleil rentre dans sa carrière,
Et que, n'étant plus nuit, il n'est pas encor jour,
Au bord de quelque bois sur un arbre je grimpe, etc.

Notre poëte a emprunté d'Ovide, non seulement la pensée de ce vers, mais encore les idées qui l'y amènent dans sa lettre. Voici le passage latin :

Pars adaperta fuit, pars altera clausa fenestræ :
Quale ferè silvæ lumen habere solent.
Qualia sublucent, fugiente, crepuscula Phœbo :
. *Aut ubi nox abiit, nec tamen orta dies.*
OVIDII AMORUM *lib. I, elegia V.*

Mânes du grand Armand, si ceux qui ne sont plus
Peuvent gouster encor des honneurs superflus,
Recevez ce tribut de la moindre des Muses :
Jadis de vos bontez ses sœurs estoient confuses;
Aussi n'a-t-on point veu que d'un silence ingrat
Phœbus de vos bienfaits ayt estoufé l'éclat.
Ses enfans ont chanté les pertes de l'Ibère,
Et le destin forcé de nous estre prospère,
Partout où vos conseils, plus craints que le dieu Mars,
Ont porté la terreur de nos fiers estendarts;
Ils ont representé les vents et la Fortune
Vainement indignés du tort fait à Neptune,
Quand vous tinstes ce dieu si long-temps enchaisné (1):
Le rempart qui couvroit un peuple mutiné,
Nos voisins envieux de nostre diadesme,
Et les roys de la mer, et la mer elle-mesme
Ne purent arrester le cours de vos efforts.
La Seine vous revid triomphant sur ses bords :
Que ne firent alors les peuples du Permesse !
On leur ouït chanter vos faits, vostre sagesse,
Vos projets élevez, vos triomphes divers;
Le son en dure encore aux bouts de l'univers.
Je n'y puis ajouster qu'une simple prière :
Que la nuit d'aucun temps ne borne la carrière
De ce renom si beau, si grand, si glorieux!
Que Flore et les Zéphirs ne bougent de ces lieux !
Qu'ainsi que vostre nom leur beauté soit durable !
Que leur maistre ait le sort à ses vœux favorable !
Qu'il vienne quelquefois visiter ce séjour,
Et soit toujours content du prince et de la cour !

---

(1) La digue de la Rochelle, commencée en décembre 1626, et terminée au mois de mai suivant. Cette ville ne fut remise sous l'obéissance du roi que le 28 octobre 1628.

Je serois encore au fond de l'allée où je commençay ces vers, si monsieur de Chasteauneuf ne fust venu m'avertir qu'il estoit tard. Nous repassasmes dans l'avant-cour, afin de gagner plus tost l'autre costé des jardins. Comme nous estions près du pont-levis, un vieux domestique nous aborda fort civilement, et me demanda ce qu'il me sembloit de Richelieu. Je luy respondis que c'estoit une maison accomplie, mais que n'ayant pu tout voir nous reviendrions le lendemain, et reconnoistrions ses civilitez et les offres qu'il nous faisoit; (je ne songeois pas à notre promesse (1).) « On ne manque « jamais de dire cela, repartit cet homme; j'y suis tous « les jours attrapé par des Allemans. » Sans la crainte de nous fascher, et par conséquent de ne rien avoir, il auroit, je pense, ajousté : « A plus forte raison le se- « ray-je par des François » : mesme je vis bien que le haut de chausse de monsieur de Chasteauneuf lui sembloit de mauvais augure. Cela me fit rire, et je lui donnay quelque chose. A peine l'eusmes nous congédié, que le peu qui restoit de jour nous quitta. Nous ne laissasmes pas de nous renfoncer en d'autres allées, non du tout si sombres que les précédentes; elles pourront l'estre dans deux cens ans. De tout ce canton je ne remarquay qu'un mail et deux jeux de longue paume, dont l'un pourroit bien estre tourné vers l'orient, et l'autre vers le midi ou vers le septentrion; je suis as-

(1) La Fontaine et M. de Châteauneuf avoient promis à M. Jannart de le rejoindre le lendemain à Châtelleraud. (*Voyez* la quatrième lettre du *Voyage de Limoges*, dans les *OEuvres diverses.*)

seuré que c'est l'un des deux : on se sert apparemment
de ces jeux de paume selon les différentes heures du
jour, pour n'avoir pas le soleil en veüe. Du lieu où ils
sont, il fallut rentrer en de nouvelles obscuritez, et
marcher quelque temps sans nous voir, tant qu'enfin
nous nous retrouvasmes dans cette place qui est au
devant du chasteau, moy fort satisfait, et monsieur de
Chasteauneuf qui estoit en grosses bottes fort las.

A la même.

A Limoge, ce 19 septembre 1663.

Ce seroit une belle chose que de voyager, s'il ne se
falloit point lever si matin. Las que nous estions, monsieur de Chasteauneuf et moy, lui pour avoir fait tout le
tour de Richelieu en grosses bottes, ce que je crois
vous avoir mandé, n'ayant pas deu obmettre une circonstance si remarquable ; moy pour m'estre amusé à
vous écrire au lieu de dormir ; nostre promesse, et
la crainte de faire attendre le voiturier, nous obligèrent
de sortir du lit devant que l'aurore fut éveillée. Nous
nous disposasmes à prendre congé de Richelieu sans le
voir. Il arriva malheureusement pour nous, et plus
malheureusement encore pour le seneschal, dont nous
fusmes contraints d'interrompre le sommeil, que les
portes se trouvèrent fermées par son ordre. Le bruit
couroit que quelques gentilshommes de la province

avoient fait complot de sauver certains prisonniers,
soupçonnez de l'assassinat du marquis de Faure. Mon
impatience ordinaire me fit maudire cette rencontre. Je
ne louay mesme que sobrement la prudence du seneschal. Pour me contenter, monsieur de Chasteauneuf luy
parla, et lui dit que nous portions le paquet du roy. Aus-
sitost il donna ordre qu'on nous ouvrist; si bien que
nous eusmes du temps de reste, et arrivasmes à Chastelleraut qu'on nous croyoit encore à moitié chemin.
Nous y trouvasmes vostre oncle en maison d'ami. On
luy avoit promis des chevaux pour achever son voyage,
et il s'estoit résolu de laisser Poitiers, comme le plus
long, pourveu que je n'eusse pas une curiosité trop
grande de voir cette ville. Je me contentay de la relation qu'il m'en fit, et son ami le pria de ne point partir
qu'il n'en fust pressé par le valet de pied qui l'accom-
pagnoit. Nous accordasmes à cet ami un jour seulement;
ce n'est pas qu'il ne dépendist de nous de luy en accor-
der davantage, monsieur de Chasteauneuf estant honneste homme, et s'acquittant de telles commissions au
gré de ceux qu'il conduit, aussi bien que de la cour;
mais nous jugeasmes qu'il valoit mieux obéir ponctuel-
lement aux ordres du roy. Tout ce qui se peut imaginer
de franchise, d'honnesteté, de bonne chère, de poli-
tesse fut employé pour nous régaler. La Vienne passe
au pied de Chastelleraut, et en ce canton elle porte des
carpes qui sont petites quand elles n'ont qu'une demi-
aune. On nous en servit des plus belles avec des melons
que le maistre du logis mesprisoit, et qui me semble-
rent excellens. Enfin cette journée se passa avec un

plaisir non médiocre ; car nous estions non seulement
en pays de connoissance, mais de parenté. Je trouvay
à Chastelleraut un Pidoux (1) dont notre hoste avoit
espousé la belle sœur. Tous les Pidoux ont du nez et
abondamment. On nous asseura de plus qu'ils vivoient
longtemps , et que la mort qui est un accident si commun chez les autres hommes , passoit pour prodige
parmi ceux de cette lignée. Je serois merveilleusement
curieux que la chose fust véritable. Quoyque c'en soit,
mon parent de Chastelleraut demeure onze heures à
cheval sans s'incommoder, bien qu'il passe quatre vingts
ans. Ce qu'il a de particulier, et que ses parens de Chasteau-Thierry n'ont pas , il aime la chasse et la paume ,
sçait l'écriture, et compose des livres de controverse : au
reste l'homme le plus gay que vous ayez veu, et qui songe
le moins aux affaires, excepté celles de son plaisir. Je
crois qu'il s'est marié plus d'une fois ; la femme qu'il a
maintenant est bien faite et a certainement du mérite :
je luy sçais bon gré d'une chose , c'est qu'elle cajeole son
mari , et vit avec luy comme si c'estoit son galant : et je
sçais bon gré d'une chose à son mari , c'est qu'il luy fait
encore des enfans. Il y a ainsi d'heureuses vieillesses , à
qui les plaisirs , l'amour et les graces tiennent compagnie jusqu'au bout : il n'y en a guere, mais il y en a, et
celle cy en est une. De vous dire quelle est la famille de
ce parent, et quel nombre d'enfans il a , c'est ce que je
n'ay pas remarqué, mon humeur n'estant nullement de
m'arrester à ce petit peuple. Trop bien me fit-on voir

(1) La mère de La Fontaine étoit de cette famille.

une grande fille que je consideray volontiers, et à qui la petite vérole a laissé des graces et en a osté. C'est dommage, car on dit que jamais fille n'a eu de plus belles espérances que celle là.

Quelles imprécations
Ne mérites tu point, cruelle maladie,
Qui ne peux voir qu'avec envie
Le sujet de nos passions !
Sans ton venin, cause de tant de larmes,
Ma parente m'auroit fait moitié plus d'honneur :
Encore est-ce un grand bonheur
Qu'elle ayt eu tel nombre de charmes ;
Tu n'as pas tout détruit ; sa bouche en est témoin,
Ses yeux, ses traits et d'autres belles choses.
Tu lui laissas des lis, si tu luy pris des roses ;
Et comme elle est ma parente de loin,
On peut penser qu'à le luy dire
J'aurois pris un fort grand plaisir ;
J'en eus la volonté, mais non pas le loisir :
Cet aveu lui pourra suffire.

On nous asseura qu'elle dansoit bien, et je n'eus pas de peine à le croire ; ce qui m'en plut davantage fut le ton de voix et les yeux ; son humeur aussi me sembla douce. Du reste ne m'en demandez rien de particulier, car pour parler franchement je l'entretins peu, et de choses indifférentes, bien résolu si nous eussions fait un plus long séjour à Chastelleraut de la tourner de tant de costez que j'aurois découvert ce qu'elle a dans l'ame, et si elle est capable d'une passion secrète : Je ne vous en sçaurois apprendre autre chose, sinon qu'elle ayme fort les romans : c'est à vous qui les aymez fort aussi de juger qu'elle conséquence on en peut tirer. Outre cette parente de Chastelleraut, je dois avoir à Poitiers un cousin-germain., dont je n'ay point mémoire qu'on m'ayt rien dit. Je m'en souviens seulement parcequ'il m'a plaidé autrefois. Poitiers est ce qu'on appelle proprement une *villace*, qui tant en maisons que terres labourables peut avoir deux ou trois lieues de circuit : ville mal pavée, pleine d'écoliers, abondante en prestres et en moines. Il y a en récompense nombre de belles, et l'on y fait l'amour aussi volontiers qu'en lieu de la terre; c'est de la comtesse (1) que je le sais. J'eus quelques regrets de n'y point passer; vous en pourriez aysément deviner la cause.

Ce n'est ny la pierre levée,
Ny le rocher *Passe-Lourdin :*
Pour vous en dire ma pensée,
Je les ay laissez sans chagrin ;
Et quant à cet autre cousin,
Mon ame en est fort consolée,
Mais je voudrois bien avoir veu
La Landru.

Toutefois ayant le cœur tendre,
Je suis certain que Cupidon
N'eut jamais manqué de me prendre
S'il m'eust tendu cet hameçon ;
Et puis me voilà beau garçon,
Car au départ il se faut pendre :
Je serois fasché d'avoir veu
La Landru.

(1) La compagne de voyage qui les avoit quittés au port de Pilles. (*Voyez* la seconde lettre.)

Cependant je l'aurois veue, si nous eussions continué
nostre route; j'en avois desja trouvé un moyen que je
vous diray. Pour revenir à Chastelleraut, vous sçaurez
qu'il est mi-parti de huguenots et de catholiques, et
que nous n'eusmes aucun commerce avec les premiers.
Le terme dont nous estions convenus avec nostre hoste
estant écoulé, il fallut prendre congé de luy; ce ne fust
pas sans qu'il renouvelast ses prières. Nous luy donnasmes le plus de temps qu'il nous fut possible, et le luy
donnasmes de bonne grace, c'est-à-dire en desjeunant
bien, et tenant table long-temps, de sorte qu'il ne
nous resta de l'heure que pour gagner Chavigni, misé-
rable giste, et où commencent les mauvais chemins, et
l'odeur des *aulx*, deux proprietés qui distinguent le Limosin des autres provinces du monde. Nostre seconde
couchée fut Belac. L'abord de ce lieu m'a semblé une
chose singulière, et qui vaut la peine d'estre descrite.
Quand de huit ou dix personnes qui y ont passé sans des-
cendre de cheval ou de carrosse, il n'y en a que trois ou
quatre qui se soient rompu le cou, on remercie Dieu.

> Ce sont morceaux de rochers
> *Antez* les uns sur les autres,
> Et qui font dire aux cochers
> De terribles patenostres.
> Des plus sages à la fin
>   Ce chemin
> Épuise la patience :
> Qui n'y fait que murmurer,
>   Sans jurer,
> Gagne cent ans d'indulgence.

M. de Chasteauneuf

> L'auroit cent fois maudit,
> Si d'abord je n'eusse dit :
> Ne plaignons point nostre peine ;
> Ce sentier rude et peu batu
> Doit estre celuy qui meine
> Au séjour de la vertu.

Vostre oncle reprit qu'il falloit donc que nous nous fussions detournez ; « ce n'est pas, ajouta-t-il, qu'il n'y ayt « d'honnestes gens à Belac, aussi bien qu'ailleurs, mais « quelques rencontres ont mis ses habitants en mau- « vaise odeur. » Là dessus il nous conta qu'estant de la commission des grands jours, il fit le procès à un lieu- tenant de robe courte de ce lieu-là, pour avoir obligé un gueux à prendre la place d'un criminel condamné à estre pendu, moyennant vingt pistoles données à ce gueux et quelque asseurance de grace dont on le leurra. Il se laissa conduire et guinder à la potence fort gaye- ment, comme un homme qui ne songeoit qu'à ses vingt pistoles, le prevost luy disant toujours qu'il ne se mist point en peine ; et que la grace alloit arriver. A la fin le pauvre diable s'apperçeut de sa sottise, mais il ne s'en apperçeut qu'en faisant le saut, temps mal propre à se repentir et à déclarer qui on est. Le tour est bon comme vous voyez, et Belac se peut vanter d'avoir eu un pré- vost aussi hardi et aussi pendable qu'il y en ayt. Autant que l'abord de cette ville est fascheux, autant est elle désagréable ; ses rues vilaines, ses maisons mal accom- modées et mal prises. Dispensez-moi, vous qui estes

propre, de vous en rien dire. On place en ce pays-là
la cuisine au second estage; qui a une fois veu ces cui-
sines n'a pas grande curiosité pour les *sausses* qu'on y
appreste. Ce sont gens capables de faire un très meschant mets d'un très bon morceau. Quoique nous eussions choisi la meilleure hostellerie, nous y beusmes
du vin à teindre les nappes, et qu'on appelle communé-
ment *la tromperie de Belac.* Ce proverbe a cela de bon
que Louis treize en est l'auteur.

Rien ne m'auroit plu sans la fille du logis, jeune personne et assez jolie. Je la cajeolay sur sa coiffure : c'estoit
une espèce de *cale* à oreilles, des plus mignones, et bor-
dée d'un galon d'or large de trois doigts. La pauvre fille
croyant bien faire, alla querir aussitôt sa *cale* de céré-
monie pour me la monstrer. Passé Chavigny on ne parle
quasi plus françois (1), cependant cette personne m'en-
tendit sans beaucoup de peine ; les fleurettes s'enten-
dent par tout pays, et ont cela de commode qu'elles
portent avec elles leur *trucheman.* Tout meschant qu'estoit nostre giste, je ne laissay pas d'y avoir une nuit
fort douce; mon sommeil ne fut nullement bigarré de
songes, comme il a coustume de l'estre; si pourtant
Morphée m'eust amené la fille de l'hoste, je pense bien
que je ne l'aurois pas renvoyée : il ne le fist point et je
m'en passay. Monsieur Jannart se leva devant qu'il fust

---

(1) Racine faisant à La Fontaine le récit de son voyage d'Usès,
dans sa lettre du 11 novembre 1661, se plaint de même de ce qu'au-
delà de Lyon il n'entendoit plus le langage du pays.

jour, mais sa diligence ne servit de rien, car tous nos chevaux étant déferrez, il fallut attendre, et pour mes péchez, je revis les rues de Belac encore une fois. Tandis que je faisois presser le maréchal, monsieur de Chasteauneuf, qui avoit entrepris de nous guider ce jour-là, s'informa tant des chemins que cela ne servit pas peu à les faire prendre les plus longs et les plus mauvais. De bonne fortune nostre traite n'estoit pas grande : Comme Limoge n'est esloigné de Belac que d'une petite journée, nous eusmes tout loisir de nous égarer, de quoi nous nous acquitasmes très bien, et en gens qui ne connoissoient ny la langue ny le pays.

Dès que nous fusmes arrivez, mon fidelle Achate, (qui pourroit-ce estre que monsieur de Chasteauneuf?) disposa les choses pour son retour, et choisit la voye du messager à cheval qui devoit partir le lendemain. Je fus fasché de ce qu'il nous quittoit si tost; car en vérité, il est honneste homme, et sçait débiter ce qui se passe à la cour de fort bonne grace : puis il me semble qu'il ne fait pas mal son personnage dans cette relation. Desormais nous tascherons de nous en passer, avec d'autant moins de peine qu'il ne reste à vous apprendre que ce qui concerne le lieu de nostre retraite : cela mérite une lettre entière (1). En attendant si vous desirez sçavoir comme je m'y trouve, je vous diray assez bien; et vostre oncle s'y doit trouver encore mieux, veu les témoignages d'estime et de bienveillance que chascun lui

_____

(1) Cette lettre promise par La Fontaine n'a pas été retrouvée.

rend; l'evesque (2) principalement; c'est un prélat qui a
toutes les belles qualités que vous sauriez vous imaginer; splendide surtout, et qui tient la meilleure table
du Limosin. Il vit en grand seigneur et l'est en effect.
N'allez pas vous figurer que le reste du diocèse soit malheureux et disgracié du ciel, comme on se le figure
dans nos provinces. Je vous donne les gens de Limoge
pour aussi fins et aussi polis que peuple de France: les
hommes ont de l'esprit en ce pays-là, et les femmes de
la blancheur, mais leurs coustumes, façon de vivre, oc-
cupations, compliments surtout ne me plaisent point;
c'est dommage que .... n'y ayt point esté mariée;
quant à mon égard,

> Ce n'est pas un plaisant séjour:
> J'y trouve aux mystères d'amour
> Peu de savans, force profanes;
> Peu de Philis, beaucoup de Jeannes;
> Peu de muscat de Saint-Mesmin,
> Force boisson peu salutaire;
> Beaucoup d'ail et peu de jasmin:
> Jugez si c'est là mon affaire.

(1) François de La Fayette, abbé de Dalon, évêque de Limoges,
premier aumônier de la reine-mère; il mourut à l'âge de quatre-
vingt-six ans, le 3 mai 1678. Le mari de la comtesse de La Fayette
étoit neveu de cet évêque.

FIN DE LA RELATION DU VOYAGE DE LIMOGES.

LETTRE 1re.

De LA FONTAINE *à M.* JANNART (1).

A Rheims, ce lundy 14 février 1656.

Monsieur mon oncle,

J'ai enfin vendu ma ferme de Damar, moyennant
19,114 liv. à mon beau-frère (2); c'est-à-dire qu'il a fait
eschange avec moy de son bien de Chastillon, qu'il a promis par un acte séparé de me faire valoir dix mille six
cens livres, m'a baillé 214 liv., m'a fait une promesse
payable dans trois mois de 1,300 liv., et du surplus mon-
tant à 7,000 liv., il m'a fait constitution. Ainsy il a fallu
que j'aye vendu le bien de Chastillon, ce qui nous a fait
une difficulté, càr celuy qui l'a achepté a dit qu'il vou-

(1) Jacques Jannart, conseiller du roi et substitut du procureur-
général au parlement de Paris, fils de Nicolas Jannart, contrôleur
au grenier à sel de Château-Thierry. Jacques Jannart avoit épousé
Marie Héricart, tante de madame de La Fontaine; elle lui donna un
fils le 10 avril 1639, qui fut nommé Jacques. Ce dernier devint conseiller au Châtelet, le 13 avril 1661, puis conseiller au grand conseil
le 15 juillet 1675. Il épousa le 15 janvier 1678 mademoiselle Le
Chasseux, et il mourut sans postérité le 18 janvier 1712.

(2) Louis Héricart remplaça son père dans la charge de lieute-
nant civil et criminel de La Ferté-Milon. C'est de lui que sont des-
cendues les deux branches de MM. *Héricart de Thury*, famille
recommandable par ses vertus héréditaires et qu'environne aujour-
d'hui la considération la mieux acquise.

4.

loit que quelqu'un s'obligeast à la *guarantie et entrete-
nement de la vendition* que je lui faisois, jusqu'à ce que
mademoiselle de La Fontaine (1) eust l'aage et eust ra-
tifié. J'en ai parlé à M. Héricart mon beau-frère, qui s'en
est excusé, et a dit que s'il intervenoit à ladite *vendition*,
l'eschange paroistroit simulé, et que cela luy feroit tort
pour le*s* *lots* et ventes. J'ay creu qu'il vouloit peutestre
laisser cet obstacle afin de se desdire, et ayant reçeu depuis peu une lettre de monsieur Faur, où je ne trouvois
pas mon *conte* à beaucoup près, j'ay creu qu'il falloit
achever l'affaire à quelque prix que ce fust (2) ...... au
marchand qui vous portera trois mille escus et vous de-
mandera vostre *guarantie*; s'il eust voulu de celle de M. de
Villemontée (3) et de ma sœur, je ne vous aurois pas
importuné de cela; mais il a dit qu'il ne les connoissoit
pas. Pour mon père, il en vouloit bien, mais je ne
romps jamais la teste à mon père de mes affaires. Je
diray à M. Bellanger (4) et à mon beau-frère que je vous
fais toucher l'argent de ladite *vendition* pour vostre seu-
reté, en attendant que je vous aye fait bailler une in-
demnité de vostre *guarantie* par M. de Villemontée,

(1) Marie Héricart, femme de La Fontaine. On ne sait pas préci-
sément à quelle époque eut lieu leur mariage; on croit que ce fut
en 1648. Elle étoit encore mineure en 1656, mais il ne faut pas
oublier que la majorité n'étoit alors acquise qu'à vingt-cinq ans.

(2) Il manque ici une partie de la lettre.

(3) Il avoit épousé la sœur de La Fontaine.

(4) Il paroît que ce M. Bellanger étoit le beau-père de Louis Héricart; car ce dernier avoit épousé, le 15 novembre 1652, mademoiselle Catherine Bellanger.

mon beau-frère, ou bien par qui il vous plaira, et cela sera bien de la sorte. Je vous prie aussi si on vous en escrit de mander la mesme chose.

Quand vous aurez l'argent entre vos mains, mon père vous prie de lui en prester 4 *mil* cinq cens livres pour rachepter partie d'une rente qu'il doit conjoinctement avec ma sœur aux héritiers de M. Pidoux (1) ; moyennant quoy il sera deschargé de la *guarantie*. Du reste ma sœur vous en entretiendra si vous voulez, et vous ne sauriez mieux faire valoir vostre argent : premièrement je me contenteray de l'interest sur et tant moins d'autant de la pension que vous sçavez, et puis après la mort de mon père je vous rembourseray infailliblement, et vous donneray ensuite une partie considérable de ce qui me restera, aux conditions que je vous ay dites.

Je vous escris de Rheims où je suis chez messieurs de Maucroix, attendant vostre response sur tous ces poincts. Le messager qui vous porte celle-cy part aujourd'huy lundy ; vous pourrez, si vous en voulez prendre la peine, me rescrire mercredy ; il ne faut que demander le messager de Rheims sur le pont Nostre-Dame, ou escrire par la poste de Champagne et adresser les lettres à *M. de La Fontaine chez M. de Maucroix chanoine à Rheims;* le plus tost sera le meilleur, car le marchand de Chaalon attend votre response pour vous porter l'argent. La copie de l'obligation que je vous envoye est de la main de M. de Maucroix, à cause que le messager

(1) La mère de La Fontaine s'appeloit Françoise Pidoux.

me pressoit. Je vous prie très humblement de me faire
response au plus tost et suis,

Monsieur mon oncle,

vostre très humble et obéissant
serviteur,

DE LA FONTAINE.

N. B. *Ces trois lettres portent pour suscription* : à
monsieur *Jeannart*, substitut de monsieur le procureur-
général, sur le quay des Augustins.

2.

Du même au même.

A Chasteau-Thierry, ce 16 mars 1658.

Monsieur mon oncle,

Vous ne recevrez point encor par cet ordinaire de
lettre de mon père; il est toujours malade et a été sai-
gné encor une fois. Ce n'est pourtant pas chose fort dan-
gereuse. Dez qu'il sera en meilleur estat, il ne manquera
pas de vous escrire touchant l'affaire de ma sœur, qu'il
vous prie d'achever au plus tost, si vos affaires vous le
permettent. Je vous escrivis au long mardy dernier touchant vostre ferme des *aulnes bouillans*; par celle-cy
vous trouverez bon que je fasse le solliciteur, et vous
recommande une affaire où madame de Pont-de-Bourg
a interest. Je n'ay pas l'honneur d'estre connu d'elle,
mais quantité de personnes de mérite prennent part à

ses interests. Je suis prié de vous en escrire de si bonne part qu'il a fallu malgré moy vous estre importun, si c'est vous estre importun que de vous solliciter pour une dame de qualité qui a une parfaitement belle fille. J'ay veu le temps que vous vous laissiez toucher à ces choses, et ce temps n'est pas esloigné, c'est pourquoy j'espère que vous interpreterez les loix en faveur de madame de Pont-de-Bourg. Vous en aurez des remerciements de l'Académie, mais je les *conte* pour rien, à comparaison de ceux que vous fera cette belle fille, dont la beauté doit estre fort éloquente de la façon qu'on me l'a dépeinte.

J'iray à Paris devant la fin du caresme, et peutestre devant la fin de la sepmaine où nous allons entrer; ce sera pour aviser avec vous aux moyens de terminer nostre affaire. Mademoiselle de La Fontaine m'en presse; ce n'est pas qu'elle soit plus mal qu'elle n'estoit il y a six mois; mais est bon d'asseurer la chose au plus tost. J'y ai un interest trop grand pour la laisser plus long-temps au hazard, outre que mademoiselle de La Fontaine ne veut pas faire à Paris un long séjour, et sera bien ayse de trouver les affaires toutes disposées. Avec vostre permission, mademoiselle *Jeannart* (1) aura pour agréables mes très humbles baisemains. Je suis,

Monsieur mon oncle,

Vostre très humble et très obéissant
serviteur,

DE LA FONTAINE.

(1) Marie Héricart, femme de M. Jannart.

~~~~~~

3.

Du même au même.

A Chasteau-Thierry (1) ce 1ᵉʳ février 1659.

Monsieur mon oncle,

Ce qu'on vous a mandé de l'emprunt et du jeu est très faux; si vous l'avez creu, il me semble que vous ne pouviez moins que de m'en faire la réprimande; je la méritois bien par le respect que j'ai pour vous, et par l'affection que vous m'avez toujours tesmoignée. J'espère qu'une autre fois vous vous mettrez plus fort en cholere, et que, s'il m'arrive de perdre mon argent, vous n'en rirez point. Mademoiselle de La Fontaine ne sçait nullement bon gré à ce donneur de faux avis qui est aussi mauvais politique qu'intéressé. Nostre séparation peut avoir fait quelque bruit à La Ferté (2), mais elle n'en a pas fait beaucoup à Chasteau-Thierry, et personne n'a creu que cela fust nécessaire.

.... La commission dont je vous ay escrit est une excellente affaire pour le profit, et je ne suis pas assez ambitieux pour ne courir qu'après les honneurs; quand

---

(1) La Fontaine, dans cette lettre comme dans les autres, employe l'abréviation *Chaûry*, qui est encore en usage. On a retranché quelques détails relatifs aux affaires de M. Jannart.

(2) La Ferté Milon, où la famille Héricart demeuroit.

l'un et l'autre se rencontreront ensemble je ne les re-
jetteray pas ; cependant dez que M. Nacquart fera un
tour à Chasteau-Thierry, je lui feray la proposition,
sauf *de* m'en rapporter à vous touchant le choix.

.... Vous ne me mandez rien touchant le rachapt
que j'ay fait de vos rentes sous *sein* privé ; je ne l'ay pas
voulu faire par devant notaire, sans avoir auparavant
vostre avis à cause des *lots* et ventes ; souvenez-vous s'il
vous plaist de m'en escrire, je suis,

Monsieur mon oncle,

vostre très humble et très obéissant
serviteur,

DE LA FONTAINE.

Je vous escrivis hier vendredy, et vous priay de vous
employer pour celui qui vous portera la lettre, car peut-
estre recevrez vous celle-cy la première. Je n'osay à
cause de la parenté de mademoiselle de La Fontaine (1)

---

(1) On a pu remarquer dans cette lettre et dans les deux autres
que La Fontaine dit toujours *mademoiselle* en parlant de sa femme.
On n'appeloit alors *madame* que les femmes nobles. Aux états
de 1614, la noblesse adressa au roi des supplications, au nombre
desquelles on trouve celle-ci : « Que défenses seroient faites à toutes
« sortes de personnes, qui n'étoient pas de la qualité requise, de
« s'attribuer le titre de messire ou de chevalier, *et à leurs femmes*
« *de prendre le nom de madame.* » L'éditeur a eu sous les yeux plusieurs autres lettres de La Fontaine qu'il ne publie pas, parcequ'elles
n'offrent aucun intérêt ; elles sont cachetées en cire, sans autre
empreinte que celle d'un chiffre illisible, ou d'une espèce de grille. Il
fait cette remarque, parcequ'elle prouve que La Fontaine n'avoit
pas la petitesse de prendre un titre qui ne lui appartenoit point.

luy refuser de vous escrire, mais comme c'est pour
essayer de lui procurer quelque employ, qu'on luy a fait
esperer, et que ces choses ne se demandent ny ne s'ob-
tiennent facilement, vous en userez comme il vous
plaira et vous vous réserverez, si vous le jugez à
propos, pour quelque meilleure occasion. Enfin je ne
prétens point vous importuner pour autruy dans une
affaire de cette nature, c'est bien assez que je le fasse
pour moy seulement; je vous prie de vous excuser de
la meilleure grace qu'il sera possible, et cela suffit.

FIN DES OPUSCULES DE LA FONTAINE.

OBSERVATIONS.

En publiant ces opuscules, on n'a pas cru devoir mettre à leur tête une notice sur La Fontaine (1). Ce soin regarde plus particulièrement les éditeurs des *OEuvres complètes*. On donnera cependant ici quelques renseignements que l'on s'est procurés, et qui ne seront peut-être pas tout-à-fait inutiles.

C'est à Matthieu Marais que l'on doit les recherches les plus exactes qui aient été faites sur notre fabuliste. Ayant vécu avec plusieurs de ceux qui l'avoient connu, il a recueilli les traditions, et son ouvrage est une grande autorité. Il a cru que La Fontaine étoit né en 1618; c'est une erreur que l'on réfutera, en faisant connoître l'extrait de baptême du poëte :

« *EXTRAIT des registres de la paroisse de Saint-Crespin, de « la ville de Chasteau-Thierry, diocèse de Soissons.*

« Le huitième jour du mois de juillet de l'année mil six cent vingt « et un, a été baptisé par moi soussigné, curé, un fils nommé Jean; « son père maistre Charles de La Fontaine, conseiller du roi et « maistre des eaux et forêts au duché de Chasteau-Thierry; sa mère « damoiselle Françoise Pidoux ; le parrain honorable homme Jean « de La Fontaine; la marraine damoiselle Claude Josse femme de « maistre Louis Geuvain. *Signé* DE LA VALLÉE, *curé;* DE LA FONTAINE.

« *Je soussigné prêtre curé de la paroisse de Saint-Crespin, de la* « *susdite ville de Chasteau-Thierry, certifie l'acte ci-dessus véritable,* « *tiré des archives de ladite église, le troisième jour du mois de fé-* « *vrier de l'année mil six cent quatre-vingt et quinze.* Signé GRÉGOIRE, « *curé de Chasteau-Thierry.* »

---

(1) M. de Féletz en a donné une dans la Biographie universelle, qui réunit au mérite de l'exactitude le charme du style le mieux approprié au sujet et une extrême finesse dans les aperçus.

On ne sait pas positivement en quelle année La Fontaine épousa Marie Héricart ; on croit dans sa famille que ce fut en 1648, et l'on place la naissance de leur fils au 8 octobre 1653.

Cette dernière date ne paroît pas exacte ; La Fontaine (en 1662) parle de son fils dans l'épître au duc de Bouillon, comme d'un enfant au berceau, et dans son désespoir il sollicite en ces termes qu'il soit admiss à l'hôpital.

> Bref pour mon fils, y compris sa nourrice ;
> Sans point d'abus, les voilà justement
> Comptant pour un la nourrice et l'enfant :
> Il est *petit*, et la chose est bien juste.

Il semble cependant que Charles de La Fontaine étoit sorti de la première enfance, puisque l'année suivante (*le 25 août* 1663) son père écrivoit à madame de La Fontaine : « Faites-bien mes recom-« mandations à notre marmot, et dites-lui que peut-être j'amènerai « de ce pays-là quelque beau petit chaperon, pour le faire jouer et « pour lui tenir compagnie. » Il semble à cette manière de parler que l'enfant devoit avoir cinq ou six ans.

Charles de La Fontaine épousa en 1712 mademoiselle du Trem-blay, fille d'un maître des comptes. Il mourut en 1722, laissant un fils nommé Charles-Louis, et deux filles qui n'ont pas été ma-riées. Sa veuve, jeune et sans expérience, étoit loin de connoître la valeur des papiers que son mari conservoit soigneusement ; elle relégua dans un grenier les coffres qui les contenoient. On assure qu'il y avoit des écrits de la main de La Fontaine ; peut-être s'y trouvoit-il quelques fables inconnues ; que de lettres adressées au fabuliste par les hommes célèbres qui étoient ses amis ! Que de ren-seignements précieux pour la littérature ! Tous ces trésors ont été dispersés et anéantis.

Charles-Louis a laissé un fils qui n'est point marié, et deux filles : madame de Marson et madame Despotz. Cette dernière, qui de-meure encore aujourd'hui à Château-Thierry, a eu la complaisance de donner à l'éditeur les renseignements qu'il publie. Mademoiselle de La Fontaine, fille de Charles et tante de madame Despotz, lui a souvent dit comment ont disparu les manuscrits de son bisaïeul. Mademoiselle de La Fontaine n'avoit alors que sept ans, mais les anciens domestiques de la maison lui avoient plusieurs fois raconté les circonstances d'un événement qu'ils déploroient eux-mêmes.

FIN.